GITE INSOLITE LAZIO

CANDY

. Alla nostra Famiglia e ai nostri Amici.

INDICE

RINGRAZIAMENTI

Grazie a chi crede nel nostro Progetto, a chi ci supporta e a chi ci sosterrà.
Grazie anche a chi ha messo a disposizione le immagini presenti in questo manuale (ci scusiamo se, nonostante l'attenzione posta, verranno riscontrati eventuali errori e/o omissioni nelle citazioni.):

@marghe_rituccia @montellarossella_ @andreabolognesi77 @misterandrea79 @matxmas @mattblack10 @chiaradivito @snapsbyvale @alflove92 @gianni_v90 @antonio_mizzu @raffa_brunone88 @gianni_v90 @giulbingiro @alphadog__ @giograzio @gfranco.carocci @comunediroccagorga @la_ragazza_che_viaggiava @giroilmondoingiro @iomangio_acasamia @raoulbar
@pierp.rossi @boleyn_elsa @simona.giuli @donatella.pasqualini @annamariafranciosi67 @alessia_riceci @claralucci77 @akabvsmoby @_clasun @staisenzapensieri_ @_hanna_es @gianni_v90 @a.n.a.n.o.v.a @officially_divicio @donatella.pasqualini
@pv1551 @the_calico @lafcadio1974 @travel_fantonel @giulietta_734 @questoeaffile @mrdoclife @brizzola63 @diana_piras @quello_con_lo_zaino @angelicalanovara @daniel_spiros_mex @lucabalzerani @lombardilodovico @d4m4d14n @annele.rose @elisa.quaglieri @francy0587 @alessiafedele @comprensorio_minturnae
@playing_with_liam @rossellaportaro05 @ema.yos5 @ba.mel @laricettadilaura2.0 @giacomovedda @serena_sold @stefano_buzzetti
@rosamolle @a.summerinrome @greg25ism @sin_ilaria @alessandroscarano2.0 @crisb0780 @manfred__von_richthofen @mellowgirl

INTRODUZIONE

Il Lazio, la regione della nostra Capitale, stupisce per la sua storia e per i suoi splendidi paesaggi tutti da scoprire.

Ci auguriamo che questo terzo Capitolo del nostro viaggio continui a regalarvi esperienze indimenticabili.

Buone gite insolite!

Candy

1 GITE INSOLITE FROSINONE

Comune: Arpino

Provincia: Frosinone

Regione: Lazio

Arpino è un gioiello nascosto nella meravigliosa Ciociaria. Città ricca di storia, arte, cultura e bellezze da scoprire. La sua posizione offre panorami mozzafiato sulla Valle del Liri. Arpino è la città natale di Cicerone, Caio Mario, Vipsanio Agrippa e del pittore Giuseppe Cesari detto il Cavalier d'Arpino, maestro del Caravaggio. Da Vedere: l'acropoli di Civitavecchia, la Torre di Cicerone e la Chiesa di San Michele Arcangelo.

Per Info visita il sito: https://www.lazionascosto.it/borghi-piu-belli-del-lazio/arpino/

Data della visita: _____

Indice di Gradimento: ☆ ☆ ☆ ☆ ☆

Note:

_____
_____
_____
_____

Comune: Isola del Liri

Provincia: Frosinone
Regione: Lazio

Isola del Liri è un borgo molto singolare grazie alla presenza delle celebri cascate e dal Castello Boncompagni che le sovrasta. È uno dei rari esempi di cascate in un centro urbano, spettacolari soprattutto a primavera ed autunno per la maggior portata d'acqua data dalle piogge stagionali. Posto su una dolce collina a 217 metri d'altezza, custodisce nel suo centro storico numerose chiese e palazzi storici, offrendo non poche sorprese al turista che si accingerà a visitare il paese per la prima volta.

Per Info visita il sito: https://www.comune.isoladelliri.fr.it/

Data della visita: _____

Indice di Gradimento: ☆☆☆☆☆

Note:
_____
_____
_____
_____

Lago di Posta Fibreno

Comune: Posta Fibreno
Provincia: Frosinone
Regione: Lazio

Il Lago di Posta Fibreno è situato nell'omonima Riserva Naturale ed è un bacino di forma allungata che si apre ai piedi dei Monti Marisicani e del versante laziale del Parco Nazionale d'Abruzzo. Si tratta di un'ampia risorgiva alimentata da un imponente sistema di sorgenti sotterranee, in un'area fortemente segnata dal carsismo. Il Lago di Posta Fibreno è celebre fin dai tempi più antichi per una particolarità straordinaria, un'isola galleggiante, la cosiddetta "Rota", formata da torba e arbusti che, all'interno di una piccola ansa, cambia posizione durante l'anno con il vento e le correnti.

Per Info visita il sito: https://www.lazionascosto.it/laghi-piu-belli-visitare-vedere/lago-di-posta-fibreno/

Data della visita: _____

Indice di Gradimento: ☆☆☆☆☆

Note:

_____

_____

_____

Grotte di Falvaterra

Comune: Falvaterra
Provincia: Frosinone
Regione: Lazio

Le Grotte di Falvaterra costituiscono una delle tante perle naturalistiche e geologiche del Lazio. Si trovano vicino il Comune omonimo, tra Ceprano e Pastena, lungo la strada che collega Falvaterra a Castro dei Volsci. L'area dove sorgono le Grotte è tutelata da una riserva denominata "Monumento Naturale Regionale Grotte di Falvaterra e Rio Obaco".
Per Info visita il sito: http://www.grottedifalvaterra.it/

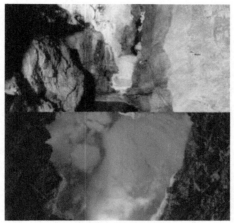

Data della visita: _____

Indice di Gradimento: ☆ ☆ ☆ ☆ ☆

Note:
_____
_____
_____
_____

Comune: Castro dei Volsci

Provincia: Frosinone
Regione: Lazio

Castro dei Volsci è uno dei borghi più belli d'Italia, situato su una piccola collina al centro di una valle, circondato da verdi colline che possono superare i 1000mt. A Castro dei Volsci la storia si mescola alla leggenda poiché si pensa che qui si fermarono anche i Templari, su portali, gradini o pareti sono infatti incisi molti simboli come il Golgota, le Triplici Cinture o il Fiore della Vita. Da vedere: il Monastero di San Nicola, le vecchie mura e il Museo Civico Archeologico.
Per Info visita il sito: https://www.comune.castrodeivolsci.fr.it/hh/index.php

Data della visita: _____

Indice di Gradimento: ☆☆☆☆☆

Note:
_____
_____
_____
_____

Comune: Picinisco

Provincia: Frosinone
Regione: Lazio

Paese montano di origine medievale. Dal naturale "balcone" sulla piazza principale si domina dall'alto la pittoresca Valle di Comino che conserva ancora intatto il fascino di una vita semplice e naturale. L'antico borgo si sviluppa intorno al castello costruito dai Conti d'Aquino, caratterizzato da torri e da mura merlate. Al borgo è possibile accedere dalle monumentali porte: Codarda, Saracina, Rione e Piazza. Da Vedere: la Chiesa di San Rocco del XVI secolo, il Municipio, la Chiesa di San Lorenzo e il Ponte Le Branche.
Per Info visita il sito: https://www.comune.picinisco.fr.it/

Data della visita: _____

Indice di Gradimento: ☆☆☆☆☆

Note:
_____
_____
_____
_____

Pozzo d'Antullo

Comune: Collepardo
Provincia: Frosinone
Regione: Lazio

Situato in una radura all'ombra dei Monti La Monna e Rotonaria, si trova una immensa cavità denominata il Pozzo d'Antullo. Una vera e propria meraviglia della natura, formatasi per via dello sprofondamento della volta in un'ampia caverna dalle enormi proporzioni: diametro superiore 140 m, perimetro superiore 370 m, profondità 60 m.
Per Info visita il sito: https://www.grottepastenacollepardo.it/pozzo-dantullo/

Data della visita: _____

Indice di Gradimento: ⭐⭐⭐⭐☆

Note:

_____
_____
_____
_____

Certosa di Trisulti

Comune: Collepardo
Provincia: Frosinone
Regione: Lazio

Immersa nel verde di secolari foreste si adagia questa celebre e maestosa Certosa, fondata nel 1204 per volontà di Papa Innocenzo III. Dal 1208 fu affidata ai monaci Certosini. Nel 1947 essi furono sostituiti dagli attuali Cistercensi. Al suo interno è possibile visitare la Chiesa con pregevoli opere d'arte e l'antica Farmacia (XVII sec.). La Certosa è Monumento Nazionale e custodisce anche una ricca Biblioteca Statale con 25.000 volumi.
Per Info visita il sito: https://www.lazionascosto.it/conventi-certose-eremi-del-lazio/certosa-di-trisulti/

Data della visita: _____

Indice di Gradimento: ☆☆☆☆☆

Note:

_____
_____
_____
_____

Comune: Anagni

Provincia: Frosinone

Regione: Lazio

La città di Anagni è conosciuta nella storia poiché fu la città papale in cui vissero 4 papi. Tra di essi tutti conoscono Bonifacio VIII, uno dei pontefici più potenti e discussi di tutta la storia passata. Da vedere: il Palazzo dei Papi, la Cattedrale di Santa Maria, la Cripta di San Magno e la Casa Barnekow.

Per Info visita il sito: https://www.comune.anagni.fr.it/

Data della visita: _____

Indice di Gradimento: ☆☆☆☆☆

Note:

_____

_____

_____

_____

Lago di Canterno

Comune: Fiuggi
Provincia: Frosinone
Regione: Lazio

Nel cuore del Lazio c'è un lago di rara bellezza. Si tratta del Lago di Canterno, specchio d'acqua di origine carsica incastonato nel cuore dei Monti Ernici. Le acque di Canterno lambiscono i comuni di Ferentino, Fiuggi e Trivigliano e, malgrado la vicinanza con le trafficate strade provinciali, è rimasto un paradiso naturale che ha mantenuto intatta la sua atmosfera.
Per Info visita il sito: https://www.parchilazio.it/canterno

Data della visita: _____

Indice di Gradimento: ☆☆☆☆☆

Note:
_____
_____
_____
_____

Comune: Fumone

Provincia: Frosinone
Regione: Lazio

Il borgo di Fumone è uno dei più suggestivi e meglio conservati della provincia di Frosinone. Il paesino è arroccato su una collina conica a 784 metri s.l.m. da cui si gode un ampio panorama sulle campagne sottostanti. Scenografico l'ingresso al borgo antico che si può ammirare da uno spiazzo su via Giuseppe Marchetti Longhi. Da vedere il Castello Longhi-De Paolis.
Per Info visita il sito: https://comune.fumone.fr.it/

Data della visita: _____

Indice di Gradimento: ☆☆☆☆☆

Note:

_____

_____

_____

_____

Cascata Pilella

Comune: Rocca d'Arce
Provincia: Frosinone
Regione: Lazio

È raggiungibile attraverso una breve camminata che vi porterà a scoprire uno dei diamanti meno conosciuti di questa zona. Si tratta di una cascata verde con acque limpide e scorrevoli che creano un laghetto tra i massi. Durante la stagione calda è possibile fare un tuffo rinfrescante che rimarrà indimenticabile.

Per Info visita il sito: https://www.indianatrek.it/la-cascata-pilella-rocca-darce/

Data della visita: _____

Indice di Gradimento: ☆☆☆☆☆

Note:

_____

_____

_____

_____

2 GITE INSOLITE LATINA

Giardino di Ninfa

Comune: Cisterna di Latina
Provincia: Latina
Regione: Lazio

Il Giardino di Ninfa, realizzato sui ruderi della città medievale di Ninfa, nell'agro pontino, è stato classificato dal New York Times tra i più belli e romantici giardini del mondo. Dichiarato Monumento Naturale dalla Regione Lazio, il giardino, dato il delicatissimo equilibrio ambientale, si può vedere solo in alcuni giorni dell'anno, ma la bellezza di questo luogo merita assolutamente una visita.
Per Info visita il sito: https://www.giardinodininfa.eu/

Data della visita: _____

Indice di Gradimento: ☆ ☆ ☆ ☆ ☆

Note:
_____
_____
_____
_____

Tempio di Giove Anxur

Comune: Terracina
Provincia: Latina
Regione: Lazio

Il Tempio di Giove Anxur è il vero simbolo di Terracina, e attrae da sempre i viaggiatori che si recano in questa parte d'Italia. Il bellissimo edificio è situato sulla vetta del Monte Sant'Angelo in posizione spettacolare, con meravigliosi panorami sulla Riviera di Ulisse, sul Circeo e sulle Isole Pontine. L'edificazione del primo santuario risale al periodo in cui Anxur, antico centro volsco (l'attuale Terracina), diventò colonia romana. Ci troviamo, quindi, intorno ai primi anni del IV secolo a.C. e il santuario presumibilmente era legato al culto oracolare. Per Info visita il sito: https://comune.terracina.lt.it/contenuti/49704/tempio-giove-anxur

Data della visita: _____

Indice di Gradimento: ☆☆☆☆☆

Note:

_____

_____

_____

_____

Isola di Ventotene

Comune: Ventotene
Provincia: Latina
Regione: Lazio

Il centro turistico isolano offre brevi ma piacevoli passeggiate. Spiccano le case dai colori sgargianti tipiche di alcuni borghi mediterranei. L'assenza di auto rende la visita del tutto particolare. Si potranno ammirare i vicoli del borgo, scoprire le piccole botteghe, librerie e il curioso Museo della Migrazione e Osservatorio Ornitologico. Da non perdere, infine, i resti di Villa Giulia, situati su Punta Eolo, la zona più a nord dell'Isola. Il turista si troverà in un luogo fuori dal tempo, specie al tramonto quando raggiunge il suo massimo fascino grazie anche al superbo panorama circostante. Il sito archeologico è raggiungibile tramite una breve camminata, partendo dal centro del paese.
Per Info visita il sito: https://www.lazionascosto.it/isole-pontine/isola-di-ventotene/

Data della visita: _____

Indice di Gradimento: ☆☆☆☆☆

Note:

_____

_____

_____

Comune: Sperlonga

Provincia: Latina

Regione: Lazio

Sperlonga, uno dei borghi più belli d'Italia, arroccato sullo sperone roccioso di San Magno, deve il suo suggestivo fascino alla caratteristica struttura compatta delle abitazioni, separate solo da strettissimi vicoli e lunghe scalinate che improvvisamente si aprono su diversi punti di belvedere, da cui si possono ammirare sia il mare sia il paesaggio circostante. Quello che colpisce immediatamente il visitatore è il bianco delle sue architetture, tipico della tradizione costruttiva di molte località del bacino del Mediterraneo, che fa da contrasto con il colore blu del mare e con il verde della tipica macchia mediterranea, ma, allo stesso tempo, si unisce perfettamente agli altri materiali utilizzati nell'edilizia come la pietra, il ferro ed il legno. Da non perdere: la Torre Truglia, il complesso della villa dell'imperatore Tiberio, con la sua bellissima grotta ed il Museo Nazionale Archeologico di Sperlonga.

Per Info visita il sito: https://www.sperlongaturismo.it/it/

Data della visita: _____

Indice di Gradimento: ☆☆☆☆☆

Note:

_____

_____

Eremo di San Michele Arcangelo

Comune: Maranola - Formia
Provincia: Latina
Regione: Lazio

L'eremo di San Michele Arcangelo è una piccola chiesa situata alle pendici di monte Altino, che appartiene alla catena dei monti Aurunci, a 1220 m s.l.m. Incastonata nella roccia, si trova lungo il sentiero che da Sella Sola conduce fino alla cima del Redentore, su un costone a strapiombo. Il santuario rupestre, dedicato a san Michele Arcangelo, risale all'830, difatti viene menzionato nel Codex diplomaticus cajetanus.
Per Info visita il sito: https://www.formiae.it/siti/eremo-di-san-michele-arcangelo/

Data della visita: _____

Indice di Gradimento: ☆ ☆ ☆ ☆ ☆

Note:

_____

_____

_____

_____

Comune: Sermoneta

Provincia: Latina
Regione: Lazio

Posta alle pendici dei Monti Lepini, Sermoneta è uno tra i borghi medievali più affascinanti del Lazio. Vi si accede per una tortuosa strada che sale direttamente dalla Pianura Pontina, offrendo man mano panorami sempre più ampi. Il paese appare d'un tratto bellissimo, completamente circondato da poderose mura e tutto arroccato sul suo colle d'ulivi, attorno ad un imponente castello.
Per Info visita il sito: https://www.comunedisermoneta.it/hh/index.php

Data della visita: _____

Indice di Gradimento: ☆☆☆☆☆

Note:

_____
_____
_____
_____

Faro di Capo Circeo

Comune: San Felice Circeo
Provincia: Latina
Regione: Lazio

Il Faro di Capo Circeo è un faro storico situato su un promontorio roccioso che si protende nel Mar Tirreno. Costruito nel 1865, è diventato un punto di riferimento fondamentale per la navigazione lungo la costa. La sua architettura imponente e la sua posizione strategica ne fanno un simbolo del patrimonio marittimo della regione.

Per Info visita il sito: https://blog.zingarate.com/parconazionaledelcirceo/faro-capo-circeo/

Data della visita: _____

Indice di Gradimento: ☆ ☆ ☆ ☆ ☆

Note:

_____

_____

_____

_____

Abbazia di Valvisciolo

Comune: Sermoneta
Provincia: Latina
Regione: Lazio

Posta su un poggiolo ai piedi del Monte Corvino e dedicata al protomartire Santo Stefano, l'Abbazia di Valvisciolo è tra i monumenti italiani che conservano le tracce più evidenti e misteriose del passaggio dei templari. Secondo la tradizione, il complesso, caratterizzato dall'austero stile gotico-cistercense, fu fondato nel VIII secolo dai monaci greci basiliani di San Nilo, attivi già a Grottaferrata. L'Abbazia di Valvisciolo è ubicata in una piccola valle per tradizione medievale detta "dell'usignolo" da cui la probabile origine del nome "Valvisciolo". Per Info visita il sito: https://www.cistercensi.info/abbazie/abbazie.php?ab=90

Data della visita: _____

Indice di Gradimento: ☆ ☆ ☆ ☆ ☆

Note:

_____

_____

_____

_____

Castello Baronale di Maenza

Comune: Maenza
Provincia: Latina
Regione: Lazio

Recentemente restaurato, il Castello di Maenza è certamente una delle più rilevanti testimonianze storiche della provincia di Latina e dell'intera regione. Fatto edificare intorno al XII secolo dall'antica famiglia feudale dei Da Ceccano, il castello divenne in seguito di proprietà dei Caetani (la famiglia di Papa Bonifacio VIII) ed ospitò, nel lontano 1274, San Tommaso d'Aquino. Dal 1965 il maniero è stato acquistato dalla Provincia di Latina che ne detiene tuttora la proprietà e che ha curato le opere di restauro. Il castello si presenta in forma quadrangolare con quattro torri sporgenti, si sviluppa su quattro livelli e si caratterizza per elementi stilistici eterogenei. Successivamente, verso il 1500, vennero innalzate delle torri di rinforzo e le feritoie per i cannoni. Dopo la costruzione del palazzo baronale, le famiglie nobili vi si trasferirono ed il castello venne usato come caserma.
Per Info visita il sito: https://www.castellodimaenza.it/

Data della visita: _____

Indice di Gradimento: ☆☆☆☆☆

Note:

_____

_____

Comune: Roccagorga

Provincia: Latina
Regione: Lazio

Roccagorga, sorse come insediamento originato dalla dispersione della popolazione di Privernum che venne distrutta nel 796 d.c. ma è solo alla fine del medioevo che si ha il vero sviluppo del borgo, che, cominciò ad essere considerato proprietà alienabile tra le più grandi famiglie della nobiltà feudale del Lazio, protagoniste delle lotte politico-ecclesiastiche del tempo. Interessanti da visitare, il Palazzo Baronale, che ospita l'Etnomuseo dei Monti Lepini e il Museo degli Assi dell'Aeronautica che conserva fra i suoi documenti più interessanti una copia del diario di guerra di Francesco Baracca. Chi è invece, attratto da atmosfere più raccolte e che emanano un senso di pace, a circa 850 m di altezza può trovare l'Eremo di S. Erasmo (XI-XII), con il santuario ed il monastero.

Per Info visita il sito: https://comuneroccagorga.it/

Data della visita: _____

Indice di Gradimento: ☆ ☆ ☆ ☆ ☆

Note:

_____

_____

Museo archeologico e la Grotta di Tiberio

Comune: Sperlonga
Provincia: Latina
Regione: Lazio

La Villa di Tiberio è una delle grandi attrazioni che si possono ammirare a Sperlonga. È una grandissima villa di epoca romana del I secolo d.C. appartenente all'imperatore romano Tiberio. Le sculture erano originali greche di età ellenistica. Per ospitare queste sculture è stato realizzato il Museo archeologico nazionale di Sperlonga.
Per Info visita il sito: https://www.beniculturali.it/luogo/museo-archeologico-nazionale-di-sperlonga-e-area-archeologica

Data della visita: _____

Indice di Gradimento: ☆ ☆ ☆ ☆ ☆

Note:

_____

_____

_____

_____

Comprensorio Archeologico di Minturnae

Comune: Minturno
Provincia: Latina
Regione: Lazio

Il comprensorio archeologico di Minturnae e l'annesso antiquario, rappresenta un edificio di grande rilevanza per la ricostruzione delle vicende storiche che hanno interessato il Lazio meridionale tra l'età repubblicana e quella imperiale. La colonia di Minturnae, sorta nel 296 a.C. per motivi di controllo su un importante tratto della Via Appia, divenne con il passare degli anni, un importante snodo commerciale. La città nel corso dei secoli venne ampliata con tutti i luoghi principali della cultura romana. Troviamo così monumenti con funzione religiosa, civile e politica, il teatro, il Capitolium, le terme, il mercato (l'antico macellum). Sono inoltre ancora visibili i bagni pubblici e i mosaici delle diverse domus. Gli ambienti costruttivi del teatro, dove è allestito l'Antiquarium, ospitano una ricca collezione epigrafica e scultorea.
Per Info visita il sito: https://www.visitminturnae.it/comprensorio-archeologico/

Data della visita: _____

Indice di Gradimento: ☆ ☆ ☆ ☆ ☆

Note:

_____

_____

Comune: Sonnino

Provincia: Latina
Regione: Lazio

Il centro storico di Sonnino conserva le caratteristiche urbane medioevali ed è costituito da vicoli che si alternano quasi come un labirinto inestricabile (con nomi che richiamano quelli delle famiglie che vi abitavano o da qualche loro caratteristica), le case sono addossate ai resti delle antiche mura medioevali con cinque porte d'accesso. Infine, a dominare il borgo, c'è una torre di quattro piani, parte dell'antico castello.
Per Info visita il sito: http://www.comune.sonnino.latina.it/s/01496200591

Data della visita: _____

Indice di Gradimento: ☆☆☆☆☆

Note:
_____
_____
_____
_____

3 GITE INSOLITE RIETI

Comune: Castel di Tora

Provincia: Rieti
Regione: Lazio

Adagiato sulle sponde nord-orientali del Lago del Turano, l'abitato di Castel di Tora è immerso in un ambiente molto suggestivo caratterizzato non solo dalla presenza di fitti boschi, ma anche dalla vicinanza alle acque del lago e del Monte Navegna da cui, nelle giornate più limpide, si può vedere la cupola di San Pietro. Il suo territorio ricade quasi completamente nella Riserva Naturale Monte Navegna e Monte Cervia in cui si trovano sentieri per escursioni o per semplici passeggiate.

Per Info visita il sito: https://borghipiubelliditalia.it/borgo/castel-di-tora/

Data della visita: _____

Indice di Gradimento: ☆☆☆☆☆

Note:

_____
_____
_____
_____

Cascata delle Vallocchie

Comune: Castel di Tora
Provincia: Rieti
Regione: Lazio

La Cascata delle Vallocchie si trova nelle immediate vicinanze di Castel di Tora sul Lago del Turano. Le sue acque contribuiscono ad alimentare il sottostante lago. Le cascate sono immerse in un contesto di verde lussureggiante e sono raggiungibili attraverso un sentiero ben segnalato.
Per Info visita il sito: https://www.lazionascosto.it/cascate/cascata-delle-vallocchie/

Data della visita: _____

Indice di Gradimento: ☆ ☆ ☆ ☆ ☆

Note:

_____
_____
_____
_____

Sorgenti di Santa Susanna

Comune: Rivodutri
Provincia: Rieti
Regione: Lazio

Le Sorgenti di Santa Susanna sono un sito di grande fascino ed importanza ambientale nel cuore della Piana Reatina, dichiarato Monumento Naturale nel 1977. Immerse nello splendido contesto della Riserva Naturale dei Laghi Lungo e Ripasottile, sgorgano nei pressi di Rivodutri, ai piedi della frazione di Piedicolle. Lo scenario sprigiona pace e tranquillità.

Per Info visita il sito: https://www.parchilazio.it/laghilungoeripasottile-schede-31429-la_sorgente_di_santa_susanna

Data della visita: _____

Indice di Gradimento: ☆ ☆ ☆ ☆ ☆

Note:

_____
_____
_____
_____

Abbazia di Santa Maria del Piano

Comune: Pozzaglia Sabina
Provincia: Rieti
Regione: Lazio

I luoghi abbandonati sono sempre suggestivi, affascinanti, carichi di un clima surreale che sembra aver cristallizzato lo spazio-tempo. Se poi sono stati luoghi di culto l'atmosfera assume dei connotati epici, mitici, onirici, e a tratti non manca un pizzico di inquietudine. Concentra tutte queste peculiarità l'Abbazia di Santa Maria del Piano. Si tratta di una chiesa con annesso un monastero benedettino, le cui vestigia testimoniano un passato importante e un presente in rovina. Si può raggiungere facilmente partendo dal centro di Orvinio.

Per Info visita il sito: https://www.turismo.it/cultura/articolo/art/lazio-labbazia-abbandonata-di-santa-maria-del-piano-id-22009/

Data della visita: _____

Indice di Gradimento: ☆☆☆☆☆

Note:

_____

_____

_____

Ornaro

Comune: Torricella in Sabina
Provincia: Rieti
Regione: Lazio

Un piccolo gioiello si nasconde tra le dolci colline della Sabina a pochi passi dalla Via Salaria: è Ornaro, dominato dal maestoso Castello Brancaleoni. Il borgo è uno dei tanti centri nascosti, lontani dai più blasonati itinerari turistici del Lazio ma di indubbio interesse storico. Da vedere: la Chiesa di Sant'Antonio Martire e il Castello.
Per Info visita il sito: https://www.lazionascosto.it/borghi-piu-belli-del-lazio/ornaro/

Data della visita: _____

Indice di Gradimento: ☆ ☆ ☆ ☆ ☆

Note:
_____
_____
_____
_____

Comune: Farfa

Provincia: Rieti
Regione: Lazio

Il suggestivo borgo di Farfa, abitato da poche decine di persone, si sviluppa attorno all'Abbazia di Santa Maria di Farfa, antico monastero della congregazione benedettina cassinese, che prende il nome dall'omonimo fiume (il Farfarus di Ovidio) che scorre nelle vicinanze.
Per Info visita il sito: https://www.abbaziadifarfa.it/

Data della visita: _____

Indice di Gradimento: ☆☆☆☆☆

Note:

_____
_____
_____
_____

Comune: Frasso Sabino

Provincia: Rieti
Regione: Lazio

Il nome Frasso Sabino deriva dal latino fraxare (fare la guardia); dall'alto della sua posizione ha sempre avuto pieno controllo sul territorio circostante. Nelle vicinanze di Frasso Sabino nasce il fiume Farfa, menzionato da Ovidio nelle Metamorfosi con il nome di Farfarus. Il fiume è uno dei maggiori affluenti del Tevere. Da vedere: l'Osservatorio Astronomico, il Castello Sforza-Cesarini e la Chiesa di Santa Maria della Neve.
Per Info visita il sito: https://www.comune.frassosabino.ri.it/hh/index.php

Data della visita: _____

Indice di Gradimento: ☆☆☆☆☆

Note:
_____
_____
_____
_____

Comune: Greccio

Provincia: Rieti
Regione: Lazio

Insignito del titolo "borghi più belli d'Italia", Greccio, riserva al visitatore una infinità di bellezze ed un patrimonio artistico e culturale di rara intensità. Greccio è un luogo così particolare che perfino San Francesco ne venne colpito. Non a caso, Greccio è celebre per il santuario fondato dal santo e per essere il luogo dove San Francesco diede vita al primo presepe. Ma oltre ad avere un profondo significato religioso, questa perla della rigogliosa Sabina, è anche luogo dove tradizioni e folclore consentono di tornare indietro nel tempo, riscoprendo antichi sapori. Con una superba vista panoramica sulla vasta e lussureggiante pianura e sulle montagne Sabine che la circondano, Greccio, è placidamente adagiato a poco più di settecento metri alle falde del Monte Lacerone.

Per Info visita il sito: https://prolocogreccio.it/greccio/

Data della visita: _____

Indice di Gradimento: ☆☆☆☆☆

Note:

_____

_____

_____

Comune: Cantalice

Provincia: Rieti
Regione: Lazio

Il borgo di Cantalice, arroccato su un colle a 660 metri d'altezza sul versante occidentale del Monte Terminillo, sembra erigersi a guardiano della valle reatina. Il centro urbano è diviso in due parti: la parte bassa, moderna e l'antica parte superiore, dove spicca la Torre del Cassero e la Chiesa di San Felice da Cantalice. Di chiaro impianto urbano medievale, questo borgo rappresenta per il visitatore un ottimo belvedere sui laghi Lungo e di Ripasottile e sul versante opposto è possibile ammirare il maestoso gruppo montuoso del Terminillo.
Per Info visita il sito: https://comune.cantalice.ri.it/

Data della visita: _____

Indice di Gradimento: ★★★★☆

Note:

_____
_____
_____
_____

Comune: Casperia

Provincia: Rieti
Regione: Lazio

Adagiato, con il suo aspetto compatto, su una collina a circa 400 metri d'altezza, sul versante occidentale dei Monti Sabini, sorge il grazioso borgo di Casperia. È forse uno dei borghi della Sabina con il più accattivante fascino medievale. A questo si aggiunge un territorio circostante poco abitato, boscoso e dalla lunga tradizione enogastronomica. Tutto questo ha permesso al borgo reatino di ritagliarsi un posto di rilievo, in particolar modo negli ultimi anni, tra le mete preferite della Sabina Laziale.

Per Info visita il sito: http://www.comunedicasperia.it/

Data della visita: _____

Indice di Gradimento: ☆ ☆ ☆ ☆ ☆

Note:

_____
_____
_____
_____

Lago di Paterno

Comune: Castel Sant'Angelo
Provincia: Rieti
Regione: Lazio

Il lago di Paterno, che sorge a 430 metri s.l.m., è un lago molto antico che si trova nei pressi delle rovine dell'antica Cotilia. Immerso nella natura e nel silenzio, il lago, con le sue acque cristalline è una meta ambita da visitatori e turisti. Il paesaggio circostante è piacevole e pittoresco; dal Belvedere del piccolo borgo di Paterno, situato alle pendici dell'omonimo monte, si può godere dello stupendo panorama della Val Velina.
Per Info visita il sito: https://www.rietinature.it/luoghi/laghi/lago-di-paterno/

Data della visita: _____

Indice di Gradimento: ☆ ☆ ☆ ☆ ☆

Note:

_____

_____

_____

Comune: Poggio Catino

Provincia: Rieti
Regione: Lazio

Nel cuore della verde Sabina, tra foltissimi boschi e uliveti, si erge solitario su un colle il piccolo borgo di Poggio Catino. L'abitato è situato sulle propaggini sud occidentali dei Monti Sabini ad una quota di 387 metri di altezza. Una delle caratteristiche di questo borgo è quello di essere diviso in due nuclei urbani separati e distanti tra loro solo 900 metri, Catino e Poggio Catino, facenti parte dello stesso comune.
Per Info visita il sito: http://comune.poggio-catino.it/

Data della visita: _____

Indice di Gradimento: ☆☆☆☆☆

Note:

_____
_____
_____
_____

Comune: Paganico Sabino

Provincia: Rieti
Regione: Lazio

Paganico Sabino sorge nel verde dei Monti Carseolani, a 720 s. l. m. È separato dalla vicina Ascrea dalle profonde Gole dell'Obito e situato in posizione dominante sul Lago del Turano. Il borgo offre al visitatore un quadro paesaggistico incantevole e a tratti quasi surreale.
Per Info visita il sito: http://comune.paganicosabino.ri.it/hh/index.php

Data della visita: _____

Indice di Gradimento: ☆☆☆☆☆

Note:

_____
_____
_____
_____

Comune: Orvinio

Provincia: Rieti
Regione: Lazio

Il piccolo comune di Orvinio è situato sulle pendici di un colle ad 840 metri s.l.m. Orvinio è inserito nel Parco dei Monti Lucretili ed è menzionato tra i Borghi Più Belli D'Italia. Conta oggi circa 400 abitanti e le sue origini sono databili nel periodo in cui i siculi conquistarono la Sabina. Orvinio è una gemma del Lazio tutta da scoprire che conserva nel perimetro dei suoi limitati confini, incantevoli chiese e solenni palazzi fortificati. Tra le cose da vedere ad Orvinio, c'è la Chiesa di Santa Maria dei Raccomandati, costruita nella seconda metà del XVI secolo e famosa per custodire al suo interno preziose opere del pittore secentesco Vincenzo Manenti, a cui Orvinio ha dato i natali.

Per Info visita il sito: https://borghipiubelliditalia.it/borgo/orvinio/

Data della visita: _____

Indice di Gradimento: ★ ★ ★ ★ ☆

Note:

_____

_____

_____

4 GITE INSOLITE ROMA

Parco degli Acquedotti Romani

Comune: Roma
Regione: Lazio

Il parco degli acquedotti è una vasta area archeologica naturalistica di Roma. Il nome deriva dalla presenza di sette acquedotti che servivano l'antica Roma.
Per Info visita il sito: https://www.parcodegliacquedotti.it/

Data della visita: _____

Indice di Gradimento: ☆☆☆☆☆

Note:

_____
_____
_____
_____

Cascate di Monte Gelato (Valle del Treja)

Comune: Mazzano Romano
Provincia: Roma
Regione: Lazio

Il complesso di Monte Gelato, con la torre medievale, l'antico mulino ad acqua e le cascate lungo il fiume Treja, costituisce un importante polo di attrazione turistica per tutto il territorio circostante. Frequentato dall'uomo fin dall'età preistorica, il sito conserva tracce dei molteplici insediamenti succedutisi nel tempo: dai resti di una villa romana del I secolo a.C., all'insediamento agricolo del secolo VIII d.C., al mulino ad acqua realizzato nell'800 e rimasto attivo sino agli anni '60 del secolo scorso.
Per Info visita il sito: https://www.cascatemontegelato.it/

Data della visita: _____

Indice di Gradimento: ☆ ☆ ☆ ☆ ☆

Note:

_____
_____
_____

Ninfeo di Bramante

Comune: Genazzano
Provincia: Roma
Regione: Lazio

Il complesso rinascimentale denominato Ninfeo di Bramante è una pregevole architettura risalente ai primi anni del XVI secolo, attribuita al noto architetto e pittore Donato Bramante. La grandiosità e magnificenza di questa imponente opera, che coniuga le reminiscenze della classicità romana con le aspirazioni del classicismo rinascimentale, sono volte a creare un luogo suggestivo e magico, appartato sul bordo di un corso d'acqua e circondato dal verde dove il progettista ha voluto dare vita ad un'armoniosa interazione tra l'uomo e la natura, testimoniando modelli di vita e di costume dell'aristocrazia rinascimentale.
Per Info visita il sito: https://fondoambiente.it/luoghi/ninfeo-bramante?ldc

Data della visita: _____

Indice di Gradimento: ☆ ☆ ☆ ☆ ☆

Note:
_____
_____

Castello di Santa Severa

Comune: Santa Marinella
Provincia: Roma
Regione: Lazio

Il castello medievale di Santa Severa è uno dei luoghi più suggestivi del territorio laziale. Situato lungo la costa Tirrenica a Nord di Roma, a Santa Marinella, è un patrimonio di inestimabile valore sia storico che culturale. Realizzato a partire dal XIV secolo in riva al mare sulle rovine dell'antico porto etrusco di Pyrgi, il castello ha una pianta quadrangolare ed è fortificato da torri e fossato. Cinto da tre mura concentriche che racchiudono anche un borgo e la chiesa paleocristiana di Santa Severa, il castello è collegato al Maschio (massiccio torrione cilindrico) da un ponte di legno. Al suo interno sono ospitati il Museo del Mare e della Navigazione Antica, l'Antiquarium di Pyrgi e il Museo del Territorio.
Per Info visita il sito: https://www.castellodisantasevera.it/

Data della visita: _____

Indice di Gradimento: ☆ ☆ ☆ ☆ ☆

Note:

_____

_____

_____

Villa Adriana

Comune: Tivoli
Provincia: Roma
Regione: Lazio

Villa Adriana è un eccezionale complesso architettonico lasciatoci dal grande Imperatore Romano Adriano. Costruita come luogo di ritiro da Roma tra il 117 e il 138 d.C., la villa fu progettata come una città ideale e unisce le tradizioni architettoniche dell'Antica Grecia, di Roma e dell'Egitto. I resti di circa 30 costruzioni si estendono su un'area di 120 ettari sui Monti Tiburtini a Tivoli, nella regione del Lazio. Con i suoi numerosi edifici ad uso abitativo e ricreativo, gli ampi giardini e le vasche con i suggestivi riflessi, il sito rappresenta un'oasi di serenità e contemplazione.

Per Info visita il sito: https://villae.cultura.gov.it/i-luoghi/villa-adriana/

Data della visita: _____

Indice di Gradimento: ☆☆☆☆☆

Note:

_____

_____

Comune: Nemi

Provincia: Roma
Regione: Lazio

Grazie al suo magnifico panorama, alla sua posizione geografica e al suo clima, Nemi è indubbiamente uno dei borghi dei Castelli Romani più noti e frequentati. Inoltre, nel corso del tempo ha saputo mantenere vive le tradizioni culturali ed enogastronomiche espresse magnificamente con prodotti tipici molto apprezzati e ricorrenze annuali dove è sempre maggiore il numero di appassionati che vi partecipa. Da vedere: il centro storico, il lago, il Museo delle Navi Romane e il Santuario del Santissimo Crocifisso.

Per Info visita il sito: https://comunedinemi.rm.it/

Data della visita: _____

Indice di Gradimento: ☆☆☆☆☆

Note:

_____

_____

_____

_____

Parco Villa Gregoriana

Comune: Tivoli
Provincia: Roma
Regione: Lazio

A poco più di mezz'ora da Roma, Parco Villa Gregoriana racchiude un ingente patrimonio che declina in modo esemplare l'estetica del sublime, tanto cara alla cultura romantica. Natura, storia, archeologia ed artificio si fondono qui in modo così seducente da diventare meta obbligata del Grand Tour nell'800 e il soggetto principale delle rappresentazioni pittoriche di Tivoli.

Per Info visita il sito: https://www.visittivoli.eu/le-ville/villa-gregoriana&lang=it

Data della visita: _____

Indice di Gradimento: ☆ ☆ ☆ ☆ ☆

Note:

_____
_____
_____
_____

Riserva Naturale di Monterano

Comune: Canale Monterano
Provincia: Roma
Regione: Lazio

Canale Monterano è situato a 378 metri s.l.m. sulle propaggini occidentali del gruppo vulcanico dei Monti Sabatini, nel cui centro si trova il Lago di Bracciano. Rinomata soprattutto per l'antica Monterano (città fantasma dalle cui ceneri è sorta la città nuova) Canale Monterano ospita, nel suo territorio, la splendida Riserva Naturale omonima (un'area naturale protetta che conserva un variegato patrimonio archeologico, naturale, etnografico e cinematografico).
Per Info visita il sito: https://www.comune.canalemonterano.rm.it/

Data della visita: _____

Indice di Gradimento: ☆ ☆ ☆ ☆ ☆

Note:
_____
_____
_____
_____

Laghetto di San Benedetto

Comune: Subiaco
Provincia: Roma
Regione: Lazio

Il Laghetto di San Benedetto è uno specchio d'acqua immerso nell'incontaminata natura del Parco dei Monti Simbruini alimentato da una suggestiva cascata del fiume Aniene, lungo le cui sponde è presente una ricca vegetazione tipica fluviale costituita da salici bianche, pioppi, noccioli e carpini. Durante il giorno il laghetto prende colori diversi a seconda dei raggi del sole che filtrano tra i rami del boschetto, creando suggestivi giochi di luce sull'acqua. Il laghetto di San Benedetto è l'unico rimasto dei "Simbruina Stagna", uno dei 3 laghi artificiali che l'Imperatore Nerone fece costruire per creare degli sbarramenti sul fiume Aniene ed attorno ai quali si articolava la maestosa Villa dello stesso.
Per Info visita il sito: https://www.lazionascosto.it/laghi-piu-belli-visitare-vedere/laghetto-di-san-benedetto/

Data della visita: _____

Indice di Gradimento: ☆☆☆☆☆

Note:

_____

_____

Santuario della Fortuna Primigenia

Comune: Palestrina
Provincia: Roma
Regione: Lazio

Il santuario della Fortuna Primigenia è un complesso sacro dedicato alla dea Fortuna della città di Praeneste. Si tratta di uno dei massimi complessi di architettura tardo-repubblicana dell'Italia antica. Il santuario fa parte dei grandi santuari romano-ellenistici del Lazio assieme al santuario di Terracina e a quello di Ercole Vincitore a Tivoli. Il santuario era celebre in tutto il mondo Romano per il culto della Fortuna Primigenia, ovvero "prima-nata" dei figli di Giove, ma anche Primordiale e dunque Madre e contemporaneamente figlia di Giove. I resti del santuario, che erano stati nel tempo inglobati nell'abitato medioevale, furono rimessi in luce in seguito al bombardamento del centro cittadino nel 1944. Il santuario si articola su sei terrazze artificiali, edificate sulle pendici del monte Ginestro, collegate tra loro da rampe e scalinate di accesso. Per Info visita il sito: https://fondoambiente.it/luoghi/tempio-della-fortuna-primigenia?ldc

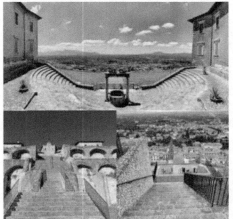

Data della visita: _____

Indice di Gradimento: ☆☆☆☆☆

Note:

_____

_____

_____

Ponte di San Francesco

Comune: Subiaco
Provincia: Roma
Regione: Lazio

Edificato a Subiaco intorno al trecento, il Ponte Medievale di San Francesco è situato a poca distanza dall'omonimo convento ed attraversa il fiume Aniene. Il ponte, in pietra cardellino ocra, ha una struttura composta da una sola arcata che si sviluppa per circa 37 metri di lunghezza e 20 metri d'altezza ed è caratterizzato da un'alta torre di controllo quadrangolare. Immerso nel medievale borgo di Subiaco, il Ponte Medievale di San Francesco è uno dei luoghi più interessanti e più belli della città, meta di visitatori e turisti. La sua costruzione viene associata ad una battaglia del 1356 tra i sublacensi ed i tiburtini, tenutasi in questa località, il ponte infatti sarebbe stato costruito dall'abate Ademaro con il riscatto pagato dai tiburtini per il rilascio dei propri prigionieri.
Per Info visita il sito: https://www.ethea.org/project/subiaco-ponte-di-san-francesco/

Data della visita: _____

Indice di Gradimento: ☆☆☆☆☆

Note:

_____

_____

Serra Moresca - Villa Torlonia

Comune: Roma
Regione: Lazio

Villa Torlonia, la più recente delle ville nobiliari romane, conserva ancora un particolare fascino dovuto, all'originalità del giardino paesistico all'inglese, uno dei pochi esempi a Roma, e alla ricca, ed inaspettata, quantità di edifici ed arredi artistici disseminati nel parco.
Per Info visita il sito: https://www.museivillatorlonia.it/it/infopage/il-complesso-della-serra-moresca

Data della visita: _____

Indice di Gradimento: ☆ ☆ ☆ ☆ ☆

Note:

_____

_____

_____

_____

Comune: Castel San Pietro Romano

Provincia: Roma

Regione: Lazio

Sorto su una collina a 763 metri s.l.m. sopra la città di Palestrina, Castel San Pietro Romano è uno dei più piccoli paesi del Lazio, ma tra i più panoramici e graziosi. Grazie ad una rivalutazione del centro storico nel novembre 2017, fa parte dell'associazione "Borghi più Belli d'Italia" ed è stato premiato come una delle "100 mete d'Italia". Sul paese domina la mole della Rocca dei Colonna, maestosa fortezza medievale e gioiello architettonico del borgo. Castel San Pietro Romano si presta egregiamente a piacevoli passeggiate tra vicoli, piazzette e scorci panoramici verso Roma, la Valle del Sacco e i Monti Simbruini.

Per Info visita il sito: http://www.comune.castelsanpietroromano.rm.it/

Data della visita: _____

Indice di Gradimento: ☆☆☆☆☆

Note:

_____

_____

_____

_____

Comune: Artena

Provincia: Roma
Regione: Lazio

Artena è un borgo laziale molto suggestivo, arroccato a nord-ovest dei Monti Lepini, nell'alta valle del fiume Sacco, si presenta al visitatore con un centro storico molto interessante e di rara bellezza. Da vedere: le numerose chiese, il Palazzo Borghese, l'ex Granaio e il Museo Archeologico Roger Lambrechts.
Per Info visita il sito: http://www.comune.artena.rm.it/hh/index.php

Data della visita: _____

Indice di Gradimento: ☆ ☆ ☆ ☆ ☆

Note:

_____

_____

_____

_____

Castello Odescalchi

Comune: Palo di Ladispoli
Provincia: Roma
Regione: Lazio

Il castello Odescalchi è una fortificazione di epoca medievale di proprietà della famiglia Odescalchi. Viene citato per la prima volta nel 1254 e nel 1330 risulta di proprietà del monastero di San Saba e poi affidato agli Orsini. Nel 1513 fu soggetto ad imponenti lavori di ristrutturazione da papa Leone X che amava dimorare nel castello durante le sue partite di caccia nel bosco di Palo. Nel 1560 il Castello di Palo, come tutte le fortificazioni lungo la costa, fu rinforzato per proteggere meglio lo Stato Pontificio, aggiungendo una fronte bastionata. Dopo l'Unità d'Italia e la fine dello Stato Pontificio, il castello divenne un luogo di villeggiatura e residenza della famiglia Odescalchi con le ultime modifiche che lo portano all'assetto attuale.

Per Info visita il sito: https://odescalchi.it/

Data della visita: _____

Indice di Gradimento: ☆ ☆ ☆ ☆ ☆

Note:

_____
_____

Borgo Medievale di Nettuno

Comune: Nettuno
Provincia: Roma
Regione: Lazio

La parte vecchia di Nettuno, vero centro storico del borgo marinaro, si trova, in maniera molto suggestiva, a picco sul mare. Tra i vicoletti e le piazze suggestive si trovano palazzi storici, come il Palazzo Baronale, il cui ingresso è in Piazza Marconi. Nell'antichità il Borgo Medioevale avrebbe rappresentato la parte più antica di Antium, unica sopravvissuta alla distruzione.

Per Info visita il sito: https://www.comune.nettuno.roma.it/pagina675_borgo-medioevale.html

Data della visita: _____

Indice di Gradimento: ☆☆☆☆☆

Note:

_____

_____

_____

_____

Comune: Tivoli

Provincia: Roma
Regione: Lazio

Immerso negli spazi verdeggianti della campagna romana, alle pendici dei monti Tiburtini, si trova uno scrigno di tesori nascosto in piena luce. La sua fondazione sarebbe addirittura più antica della stessa Roma e il suo nome compare persino nell'Eneide di Virgilio, che di quest'ultima narra proprio la mitologica fondazione della città con il nome di Tibur Superbum. La vicinanza con la città che è stata per lunghissimo tempo il fondamentale baricentro e crocevia della storia, ha reso Tivoli la meta privilegiata della nobiltà romana, attratta dalla tranquillità della campagna, dalla meravigliosa bellezza del territorio e dalla presenza delle acque termali, rimaste famose fino ai nostri giorni.
Per Info visita il sito: https://www.visittivoli.eu/

Data della visita: _____

Indice di Gradimento: ★★★★☆

Note:

_____

_____

_____

_____

Palazzo Chigi

Comune: Ariccia
Provincia: Roma
Regione: Lazio

Il palazzo ducale di Ariccia è un esempio unico di dimora barocca rimasta inalterata nel suo contesto architettonico, urbanistico e paesaggistico. Una vera capsula del tempo che conserva miracolosamente, oltre all'armonia ambientale, anche l'arredamento, la funzione e la disposizione originaria delle sale. La sua visita è un viaggio a ritroso nel tempo, che ci catapulta nel passato della grande aristocrazia europea attraverso la storia di una dei più illustri casate italiane, i principi Chigi.
Per Info visita il sito: https://www.palazzochigiariccia.it/

Data della visita: _____

Indice di Gradimento: ☆ ☆ ☆ ☆ ☆

Note:

_____
_____
_____
_____

Comune: Cervara di Roma

Provincia: Roma
Regione: Lazio

Cervara di Roma, scenografico borgo laziale famoso per la sua "Montagna scolpita dagli Artisti" è una sorta di museo a cielo aperto interamente inciso nella roccia. Con un'altitudine di 1.053 metri s.l.m. Cervara di Roma è il borgo più alto della provincia di Roma e il secondo del Lazio, dopo Filettino. Il paese prende il nome dai numerosi cervi che popolavano questo sperone roccioso, oggi piedistallo del caratteristico impianto urbano evoluto gradualmente attraverso la costruzione di semplici case che si stagliano in un paese naturale, contraddistinto da un saliscendi di piccole stradine. La suggestiva bellezza dei paesaggi naturalistici di Cervara di Roma si fonde perfettamente con il suo patrimonio artistico, ereditato dalla presenza di numerosi artisti di fama internazionale che nell' ottocento scelsero questo paese come fonte d'ispirazione.

Per Info visita il sito: http://www.comune.cervaradiroma.rm.it/hh/index.php

Data della visita: _____

Indice di Gradimento: ☆ ☆ ☆ ☆ ☆

Note:

_____
_____

Comune: Nerola

Provincia: Roma
Regione: Lazio

Località molto amata dai romani per una gita fuori porta, Nerola vanta storia ed architettura con numerosi monumenti che vale la pena vedere, come ad esempio, La fontana in piazza Municipio realizzata nel 1885, la Chiesa dedicata a San Giorgio Martire, la Chiesa di San Sebastiano con all'interno la statua del Santo, il crocifisso ligneo del CVI secolo e un antico fonte battesimale con gli stemmi della famiglia Orsini. Il Castello, un tempo residenza della famiglia Orsini, è oggi un elegante hotel a 5 stelle ideale per eventi con scenari da sogno. Soggiornando presso la struttura si può respirare ancora oggi quell'atmosfera fatta di poteri, intrighi, battaglie ed amori.
Per Info visita il sito: https://comune.nerola.rm.it/

Data della visita: _____

Indice di Gradimento: ☆☆☆☆☆

Note:

_____
_____
_____
_____

Comune: Affile

Provincia: Roma
Regione: Lazio

La parte più alta della cittadina si trova a 684 metri s.l.m., e scendendo verso valle si incontra la zona costruita più recentemente. Tra le case di epoca medioevale spicca il campanile della chiesa, posta al centro del borgo storico. Le storiche tracce e la natura generosa guidano il visitatore dentro ed attorno il borgo, caratterizzato da un centro storico rimasto integro nelle sue testimonianze di architettura medioevale e romana. Fuori le mura scorrono le acque del torrente Carpine che hanno scavato nel corso degli anni, grotte e pozzi profondissimi, prima di scomparire ai piedi della collina.

Per Info visita il sito: http://www.comune.affile.rm.it/hh/index.php

Data della visita: _____

Indice di Gradimento: ☆☆☆☆☆

Note:

_____
_____
_____
_____

Necropoli della Banditaccia

Comune: Cerveteri
Provincia: Roma
Regione: Lazio

È una delle più grandi necropoli del mondo antico. Attraversata da una via sepolcrale lunga più di 2 Km, si sviluppò dal IX secolo a.C. ad età ellenistico-romana. Dal VII secolo a.C., con il prevalere del rito dell'inumazione, si sviluppano grandi tumuli con camere funerarie scavate nel tufo e decorate con motivi ispirati alle forme dell'architettura domestica. Le necropoli di Cerveteri e Tarquinia sono state incluse nella Lista del Patrimonio Mondiale UNESCO nel 2004 e costituiscono il primo esempio di siti riferibili alla civiltà etrusca.

Per Info visita il sito: https://www.comune.cerveteri.rm.it/turismo-e-cultura/le-necropoli/la-banditaccia

Data della visita: _____

Indice di Gradimento: ☆ ☆ ☆ ☆ ☆

Note:

_____

_____

Monastero Sacro Speco

Comune: Subiaco
Provincia: Roma
Regione: Lazio

Il Monastero di San Benedetto, noto come Sacro Speco, trae il suo nome dalla piccola cavità situata su una rupe a picco sulle gole dell'Aniene. Immerso nel favoloso e selvaggio scenario del Parco Naturale Regionale dei Monti Simbruini, il Sacro Speco, a cui si accede salendo una scalinata che attraversa il Bosco Sacro, è un luogo dal fascino suggestivo. Denominato anche "La Soglia del Paradiso", rappresenta uno dei più alti esempi di architettura religiosa rupestre del Lazio. Si trova a 650 metri s.l.m. a circa 3 km da Subiaco, splendidamente affacciato sulla boscosa Valle dell'Aniene.
Per Info visita il sito: https://monasterosanbenedettosubiaco.it/

Data della visita: _____

Indice di Gradimento: ☆ ☆ ☆ ☆ ☆

Note:
_____
_____
_____

Comune: Capena

Provincia: Roma
Regione: Lazio

Capena è un affascinante e pittoresco comune italiano che offre una combinazione unica di storia, cultura e bellezze naturali, che lo rendono una meta ideale per i viaggiatori in cerca di autenticità e tranquillità. Da vedere: la Torre dell'Orologio, il Palazzo dei Monaci, il Castello di Scorano, la Chiesa di Sant'Antonio e il Lucus Feroniae.
Per Info visita il sito: http://www.comune.capena.rm.it/hh/index.php

Data della visita: _____

Indice di Gradimento: ☆☆☆☆☆

Note:
_____
_____
_____
_____

Comune: Arsoli

Provincia: Roma

Regione: Lazio

Arsoli è un piccolo centro situato a 473 metri s.l.m. sulle propaggini orientali del gruppo dei Monti Simbruini. Il suo nome deriva dalla denominazione del colle su cui sorge il paese "mons qui vocatur saxa seu Arsula". In antichità il territorio è stato abitato dagli Equi e successivamente dai Romani di cui possiamo ancora osservare molte tracce. Presso il borgo antico, dominato dalla mole del turrito Castello Massimo, è possibile ammirare, soprattutto in autunno, uno scenario davvero pittoresco, il bosco di ulivi e cipressi, infatti, assume tinte assolutamente singolari.

Per Info visita il sito: https://www.comune.arsoli.rm.it/

Data della visita: _____

Indice di Gradimento: ☆☆☆☆☆

Note:

_____

_____

_____

_____

Villa Doria Pamphilj

Comune: Roma
Regione: Lazio

La villa Doria Pamphilj è un parco della città di Roma, che, come molti altri parchi cittadini, trae origine dalla tenuta di campagna di una famiglia nobile romana. È, inoltre, la sede di rappresentanza del Governo italiano. Con i suoi 184 ettari di superficie è il più grande parco romano ed è una delle "ville" meglio conservate della città, l'unica manomissione si deve all'apertura della via Olimpica che ha diviso in due l'antica tenuta. La villa è divisa in tre parti: il palazzo e i giardini (pars urbana), la pineta (pars fructuaria), e la tenuta agricola (pars rustica). Per Info visita il sito: https://www.villadoriapamphilj.it/

Data della visita: _____

Indice di Gradimento: ☆☆☆☆☆

Note:
_____
_____
_____
_____

Palazzo della Civiltà Italiana

Comune: Roma

Regione: Lazio

Il Palazzo della Civiltà Italiana, noto anche come Palazzo della Civiltà del Lavoro, è uno dei simboli dell'EUR, ed è considerata l'icona architettonica del Novecento romano e modello esemplare della monumentalità del quartiere. L'imponente edificio è anche semplicemente conosciuto come "Colosseo Quadrato", del celebre antenato romano, riprende la sequenza serrata di archi, elemento architettonico tipicamente rappresentativo della civiltà italiana e romana in particolare, ripetuto ben 216 volte nei quattro prospetti uguali.

Per Info visita il sito: https://www.turismoroma.it/it/luoghi/palazzo-della-civilt%C3%A0-italiana

Data della visita: _____

Indice di Gradimento: ☆☆☆☆☆

Note:

_____

_____

_____

_____

Santuario della Mentorella

Comune: Capranica Prenestina
Provincia: Roma
Regione: Lazio

Il Santuario della Mentorella è un popolare luogo di culto situato sui monti Prenestini, in una posizione estremamente panoramica. La tradizione vuole che qui sia avvenuta la conversione di sant'Eustachio e che un anfratto adiacente alla chiesa abbia ospitato San Benedetto. Da visitare la chiesa della Madre delle Grazie, che raccoglie interessanti opere d'arte medievali. Per Info visita il sito: https://santuariodellamentorella.jimdofree.com/

Data della visita: _____

Indice di Gradimento: ☆☆☆☆☆

Note:
_____
_____
_____
_____

Comune: Roviano

Provincia: Roma
Regione: Lazio

Roviano fa parte della comunità montana dell'Aniene. L'antico borgo è dominato dal castello Brancaccio e conserva ancora le caratteristiche medievali. Nel '600 il castello era stato la dimora della famiglia Colonna, poi venne convertito in frantoio ed oggi ospita il Museo della Civiltà Contadina. Situato su di un piccolo colle, il comune di Roviano domina l'Alta Valle dell'Aniene in un'area compresa tra il Parco dei Monti Lucretili e il Parco dei Monti Simbruini. Probabilmente il toponimo deriva dalla famiglia romana dei Rubri, insediatisi nella zona dopo la sottomissione degli Equi avvenuta nel 304 a.C. A questo popolo italico sembrerebbero risalire le singolari mura poligonali situate nella zona residenziale denominata Leveta.
Per Info visita il sito: http://www.comuneroviano.rm.it/hh/index.php

Data della visita: _____

Indice di Gradimento: ☆☆☆☆☆

Note:
_____
_____
_____

Comune: Mazzano Romano

Provincia: Roma
Regione: Lazio

A circa 45 chilometri da Roma si trova un paese ancora poco sfruttato dal turismo che mantiene intatto il fascino retrò. Da qui si gode una vista mozzafiato su uno scorcio del fiume Treja e si respira l'aria pulita e rilassante della provincia.

Per Info visita il sito: https://comune.mazzanoromano.rm.it/hh/index.php

Data della visita: _____

Indice di Gradimento: ☆ ☆ ☆ ☆ ☆

Note:

_____
_____
_____
_____

Torre Astura

Comune: Nettuno
Provincia: Roma
Regione: Lazio

La storia di Torre Astura percorre secoli ed ere diverse, dai tempi di Cicerone fino ai giorni nostri. È una delle tante fortificazioni della costa laziale, ma per le sue caratteristiche e peculiarità rappresenta davvero un unicum nel suo genere. La torre, eretta sui resti di una villa romana, fu realizzata dalla famiglia Frangipane nel 1200 per difendersi dai Saraceni che circolavano in quei territori. Dopo diversi passaggi di proprietà, dai Caetani ai Colonna, fino ai Borghese che la cedettero allo stato, a metà del 1900 la costruzione di Torre Astura fu acquistata dal Comune di Nettuno.
Info visita il sito: https://www.comune.nettuno.roma.it/pagina687_torre-astura.html

Data della visita: _____

Indice di Gradimento: ☆☆☆☆☆

Note:

_____
_____
_____

5 GITE INSOLITE VITERBO

Comune: Sant'Angelo di Roccalvecce

Provincia: Viterbo
Regione: Lazio

Il paese delle fiabe, come oggi viene definito Sant'Angelo di Roccalvecce, è un viaggio tra magia e creatività. Quella che era una località del viterbese fino a qualche anno fa completamente anonima e in fase di abbandono, si è trasformata in una meta da visitare grazie ai suoi murales tematici che vi faranno sentire, grandi e piccini che siate, un po' come Alice nel Paese delle Meraviglie. Questo progetto di riqualificazione ha coinvolto un team tutto al femminile di street artists che con le loro opere hanno colorato le facciate delle case e trasformato questo borgo in una galleria a cielo aperto unica.

Per Info visita il sito: https://www.visitlazio.com/santangelo-di-roccalvecce-paese-delle-fiabe/

Data della visita: _____

Indice di Gradimento: ☆☆☆☆☆

Note:

_____

_____

_____

_____

Parco dei Mostri

Comune: Bomarzo
Provincia: Viterbo
Regione: Lazio

Il Parco dei Mostri, denominato anche Sacro Bosco o Villa delle Meraviglie di Bomarzo, è un complesso monumentale italiano. Si tratta di un parco naturale ornato da numerose sculture in basalto risalenti al XVI secolo e ritraenti animali mitologici, divinità e mostri.
Per Info visita il sito: https://www.bomarzo.net/

Data della visita: _____

Indice di Gradimento: ☆☆☆☆☆

Note:

_____
_____
_____
_____

Civita di Bagnoregio

Comune: Bagnoregio
Provincia: Viterbo
Regione: Lazio

Civita è una frazione di 11 abitanti del comune di Bagnoregio, facente parte dei borghi più belli d'Italia, famosa per essere stata definita "La città che muore" dallo scrittore Bonaventura Tecchi, che vi trascorse la sua giovinezza. La cittadina si erge su una piccola collina, la caratteristica che salta subito all'occhio, e per la quale il paese è così famoso in tutto il mondo, è quella di sorgere nella valle dei calanchi e di trovarsi in posizione isolata rispetto al resto degli altri paesi, la ragione è che la collina argillosa sulla quale nasce Civita di Bagnoregio, subisce da secoli una fortissima erosione dovuta ai fenomeni atmosferici, sgretolandosi anno dopo anno in maniera lenta e inesorabile. Il paese è oggi accessibile solamente per mezzo di una unica strada, realizzata in cemento.
Per Info visita il sito: https://civitadibagnoregio.cloud/

Data della visita: _____

Indice di Gradimento: ★ ★ ★ ★ ☆

Note:

_____

_____

Comune: Calcata Vecchia

Provincia: Viterbo
Regione: Lazio

Calcata è un piccolo comune italiano caratterizzato da uno splendido centro storico arroccato su una montagna di tufo. Per accedere al borgo di Calcata bisogna attraversare l'unica porta che si apre sulle mura. Uno scenario incredibile e suggestivo, che attira turisti e curiosi ogni anno.

Per Info visita il sito: https://www.visitcalcata.it/itinerari/calcata-vecchia/

Data della visita: _____

Indice di Gradimento: ☆☆☆☆☆

Note:

_____
_____
_____
_____

Castello di Torre Alfina

Comune: Acquapendente
Provincia: Viterbo
Regione: Lazio

Torre Alfina, uno dei Borghi più Belli d'Italia. si erge su una collina a circa 600 metri s.l.m., nell'area più a nord della Tuscia Viterbese. Circondato da boschi e campi coltivati, il piccolo centro medievale è sovrastato dalla mole del Castello omonimo, ristrutturato in stile neogotico ai primi del '900.
Per Info visita il sito: https://www.castellotorrealfina.it/

Data della visita: _____

Indice di Gradimento: ☆☆☆☆☆

Note:
_____
_____
_____
_____

Villa Lante

Comune: Bagnaia
Provincia: Viterbo
Regione: Lazio

Villa Lante a Bagnaia è, assieme a Bomarzo, uno dei più famosi giardini italiani a sorpresa manieristici del XVI secolo. Nel 2011 è stata votata "Parco più bello d'Italia". La costruzione cominciò nel 1511, ma fu portata a termine intorno al 1566 su commissione del cardinale Gianfrancesco Gambara. Villa Lante acquisì questo nome nel XVII secolo, quando passò nelle mani di Ippolito Lante Montefeltro della Rovere, Duca di Bomarzo.
Per Info visita il sito: https://www.bomarzo.net/vl_ingresso_it.html

Data della visita: _____

Indice di Gradimento: ★ ★ ★ ★ ☆

Note:

_____
_____
_____
_____

Comune: Vitorchiano

Provincia: Viterbo
Regione: Lazio

Il borgo di Vitorchiano è uno dei meglio conservati del territorio e uno dei più caratteristici.
Il colore grigio del peperino e la natura in perfetta armonia ti faranno innamorare di questo
paesino, le cui radici affondano in epoca medievale. Da alcuni anni è stato inserito nella lista
dei Borghi più Belli d'Italia. Da vedere: la statua del Moai e il centro storico.
Per Info visita il sito: https://www.visitarelatuscia.it/luoghi/vitorchiano/

Data della visita: _____

Indice di Gradimento: ☆☆☆☆☆

Note:

_____
_____
_____
_____

Comune: Bolsena

Provincia: Viterbo
Regione: Lazio

Bolsena è la più grande delle città presenti sulle sponde del famoso lago vulcanico dal quale prende il nome. Il paese si trova sulla sponda nord del bacino, immerso nella natura rigogliosa che offre quest'area della Tuscia. La città vanta un patrimonio storico architettonico di immenso valore frutto di secoli di contaminazioni culturali. La città è una rinomata meta turistica scelta sia per la sua bellezza che per la sua vicinanza al lago. Da vedere: la Rocca Monaldeschi della Cervara, l'Acquario, il Museo Territoriale del Lago di Bolsena, le Pietre Lanciate, il Parco Archeologico e Naturalistico Turona e il Lungolago.
Per Info visita il sito: https://www.lazionascosto.it/borghi-piu-belli-del-lazio/bolsena/

Data della visita: _____

Indice di Gradimento: ☆ ☆ ☆ ☆ ☆

Note:

_____

_____

_____

_____

Palazzo Ruspoli

Comune: Vignanello
Provincia: Viterbo
Regione: Lazio

Il Castello Ruspoli, conosciuto anche con il nome di Palazzo Ruspoli, sorge nella zona più orientale dell'antico borgo di Vignanello e ospita uno dei più dei più importanti giardini d'Italia. Il giardino fu costruito nel 1611 per volere di Ottavia Orsini figlia di Giulia Farnese e di Vicino Orsini creatore del suggestivo Parco dei Mostri di Bomarzo. Data la sua importanza storica e bellezza architettonica è stato inserito nella Rete delle Dimore Storiche della Regione Lazio. Per Info visita il sito: https://castelloruspoli.com/

Data della visita: _____

Indice di Gradimento: ☆☆☆☆☆

Note:

_____
_____
_____
_____

Necropoli Rupestre di Norchia

Comune: Norchia
Provincia: Viterbo
Regione: Lazio

Questa spettacolare necropoli si estende tra i solchi scavati dal Fosso Biedano, il Fosso di Pile e dell'Acqua Alta, alla sommità di un'altura tufacea. Le origini di Norchia risalgono all'Età del Bronzo, ma appare evidente che la città visse il suo massimo splendore nel periodo della dominazione etrusca tra il IV e il III secolo a.C. Testimonianza di questa incisiva presenza, che ha fatto di Norchia uno dei più importanti centri dell'Etruria, sono le migliaia di tombe rupestri disseminate non solo sull'altura ma anche lungo i fianchi dei fossati che la delimitano. Per Info visita il sito: http://norchia.isma.cnr.it/

Data della visita: _____

Indice di Gradimento: ☆ ☆ ☆ ☆ ☆

Note:
_____
_____
_____
_____

Comune: Celleno

Provincia: Viterbo
Regione: Lazio

Celleno è un antico borgo, oggi divenuto uno tra i più bei borghi fantasma d'Italia e conosciuto anche come la Città delle Ciliegie. Un paese con un nome che profuma di antico, risalente alla civiltà etrusca. Celleno fu un borgo sfortunato, colpito nei secoli da epidemie, frane e terremoti che portarono gli abitanti ad abbandonarlo. Oggi, passeggiando tra le sue piccole viuzze, è possibile assaporarne la storia, ammirare il suo castello, le piccole case ed i resti di palazzi di basalto.
Per Info visita il sito: https://comune.celleno.vt.it/

Data della visita: _____

Indice di Gradimento: ☆ ☆ ☆ ☆ ☆

Note:
_____
_____
_____
_____

Comune: Bassano in Teverina

Provincia: Viterbo
Regione: Lazio

Bassano in Teverina è un piccolo borgo situato a circa 300 metri s.l.m. tra le città di Orte e Viterbo, e dal quale si gode di un bel panorama sulla vallata del Tevere. Alcune opere attestano che questo luogo fu frequentato già al tempo degli Etruschi. Una delle curiosità legata a questo borgo è la presenza di un laghetto, situato a poca distanza dal Tevere, chiamato al tempo dei romani "Lacus Vladimonis". Oggi tale laghetto, alimentato da sorgenti sulfuree, è quasi del tutto interrato dall'abbondante vegetazione palustre tanto da formare delle "isole galleggianti". Per Info visita il sito: https://www.comune.bassanointeverina.vt.it/home.html

Data della visita: _____

Indice di Gradimento: ☆ ☆ ☆ ☆ ☆

Note:

_____
_____
_____
_____

Palazzo Farnese

Comune: Caprarola
Provincia: Viterbo
Regione: Lazio

Il Palazzo Farnese di Caprarola è uno dei monumenti tardo rinascimentali più importanti ed intriganti d'Europa. Opera insigne iniziata da Antonio da Sangallo il Giovane, Baldassare Peruzzi ma terminata da Jacopo Barozzi, detto il Vignola. I Giardini all'italiana di Palazzo Farnese si estendono all'interno di un vasto complesso monumentale, dai giardini bassi a ridosso del Palazzo, salendo fin oltre il boschetto di abeti bianchi, lo spettacolo esplode con sculture, fontane, giochi d'acqua e labirinti di bosso.
Per Info visita il sito: https://visite-palazzofarnese.it/

Data della visita: _____

Indice di Gradimento: ☆ ☆ ☆ ☆ ☆

Note:

_____

_____

_____

_____

Area Archeologica di Ferento

Comune: Ferento
Provincia: Viterbo
Regione: Lazio

Ferento è un sito archeologico di grande interesse. La cittadina, in perenne conflitto con Viterbo fu distrutta nel 1172 con il pretesto di eresia. L'anfiteatro romano, tuttavia, costruito nel I° sec. d.C., è ancora perfettamente intatto così come è possibile vedere i resti del foro e le terme di Augusto, risalenti al periodo dell'età imperiale. Il percorso si apre attraverso il decumano che conduce fino a quello che era il centro abitato, testimoniato dalla presenza di una domus con tanto di impluvium. A questi importanti reperti si aggiungono un'interessante necropoli con tumuli di epoca etrusca, tombe romane e resti di basiliche paleocristiane. La gran parte delle statue, rinvenute durante gli scavi sono conservate all'interno delle sale del Museo Civico di Viterbo insieme ad altri reperti di grande valore.

Per Info visita il sito: https://www.visitlazio.com/larea-archeologica-di-ferento/

Data della visita: _____

Indice di Gradimento: ☆☆☆☆☆

Note:

_____
_____

Comune: Nepi

Provincia: Viterbo
Regione: Lazio

Nepi è una dei borghi più importanti dal punto di vista storico e turistico della Tuscia, grazie al suo rilevante patrimonio artistico e architettonico, all'affascinante paesaggio circostante e alle sue famose acque minerali. Si trova tra Civita Castellana e Sutri a 227 m s.l.m.
Per Info visita il sito: https://www.comune.nepi.vt.it/

Data della visita: _____

Indice di Gradimento: ☆ ☆ ☆ ☆ ☆

Note:

_____

_____

_____

_____

Cascata del Salabrone

Comune: Farnese
Provincia: Viterbo
Regione: Lazio

La Cascata del Salabrone è una delle più selvagge e spettacolari del Lazio. Si trova a circa 1 km da Farnese al confine con la Toscana, all'interno della Riserva Naturale Regionale Selva del Lamone. Per arrivare alla cascata bisogna seguire il sentiero n. 8 della riserva CAI.
Per Info visita il sito: https://www.lazionascosto.it/cascate/cascata-del-salabrone-farnese/

Data della visita: _____

Indice di Gradimento: ☆ ☆ ☆ ☆ ☆

Note:

_____
_____
_____
_____

Comune: Tuscania

Provincia: Viterbo
Regione: Lazio

Celebre soprattutto per le due basiliche di San Pietro e Santa Maria Maggiore, autentici capolavori dell'architettura romanica, Tuscania offre numerosi spunti di visita. Primo fra tutti, il borgo antico nella sua interezza, perfettamente conservato e in cui si può respirare ancora un'atmosfera medievale di rara suggestione.
Per Info visita il sito: https://www.visitarelatuscia.it/luoghi/tuscania-la/

Data della visita: _____

Indice di Gradimento: ★ ★ ★ ★ ☆

Note:

_____
_____
_____
_____

6 INSTALLAZIONI FUORI SCALA

FROSINONE

o Big Bench n° 154 Rossa e Bianca di **Piglio** (fa parte del circuito *BBCP*), situata lungo la Ex Ferrovia storica che collega Fiuggi a Roma (ora strada ciclo-pedonale)
  Coordinate: 41.814941726014446, 13.139138167669161

o Panchina Gigante Verde chiaro e Verde scuro installata a **Patrica**
  Coordinate: 41.57995800076381, 13.252715596492298

o Big Bench n° 261 Gialla e Blu di **Pontecorvo** (fa parte del circuito *BBCP*), installata nel **parco di Monte Menola**
  Coordinate: 41.44346165036821, 13.639156267649195

o Big Bench n° 328 Gialla e Bianca di **Fiuggi** (fa parte del circuito *BBCP*)
  Coordinate: 41.80243107634735, 13.20250949131957

o Panchina Gigante marrone di **Vicalvi** installata in **Piazza Belvedere**
  Coordinate: 41.682019453791106, 13.713823645961858

LATINA

o Big Bench n° 265 Azzurra di **Sperlonga** (fa parte del circuito *BBCP*)
  Coordinate: 41.25052786806437, 13.451659767638917

o Panchina Gigante Rosa installata a **Rocca Massima**
  Coordinate: 41.67988686696657, 12.917756526966174

RIETI

o Big Bench n° 246 Magenta e Bianca di **Amatrice** (fa parte del circuito *BBCP*), posizionata in un frutteto presso l'**Azienda Agricola Casale Nibbi**
Coordinate: 42.62548417904141, 13.243867825384777

ROMA

o Big Bench n° 289 Verde e Gialla di **Lariano** (fa parte del circuito *BBCP*), installata all'interno del **Parco dei Castelli Romani**
Coordinate: 41.72450710879651, 12.810880981156682

o Panchina Gigante Viola e Bianca installata a **Licenza**
Coordinate: 42.079171923833364, 12.898806196519175

o Big Bench n° 291 Rosa di **Tolfa** (fa parte del circuito *BBCP*), posizionata in località **Comunale Macchiosi**
Coordinate: 42.17493187830593, 11.943227683567889

o Big Bench n° 304 Marrone e Grigia di **Castel San Pietro Romano** (fa parte del circuito *BBCP*)
Coordinate: 41.84257264052197, 12.893193654178097

o Panchina Gigante Color Legno installata a **Bracciano** nei pressi dell'**Agriturismo La Baita** in frazione **Castel Giuliano**
Coordinate: 42.11514012748001, 12.122324926068625

VITERBO

o Big Bench n° 331 Arancio di **Soriano del Cimino** (fa parte del circuito *BBCP*), situata all'interno della Faggeta Vetusta
Coordinate: 42.41741659126279, 12.212606228909625

o Panchina Gigante Verde e Nera installata a **Celleno**, si trova nei pressi del **Belvedere Peschiera**
Coordinate: 42.558462590292194, 12.136432625381056

o Panchina Gigante Rossa e Bianca installata a **Montefiascone**
Coordinate: 42.530681421169476, 12.023105796543685

*La *Big Bench Community Project (BBCP)* è un Ente No profit fondato nel 2010 dal designer americano Chris Bangle con lo scopo di promuovere il turismo nelle aree in qui vengono posizionate; le installazioni si trovano in zone molto panoramiche o presso siti particolari; è anche possibile collezionare i timbri di ogni panchina utilizzando il Passaporto ufficiale BBCP.
Per Info visita il sito https://bigbenchcommunityproject.org/it/homepage

Note:

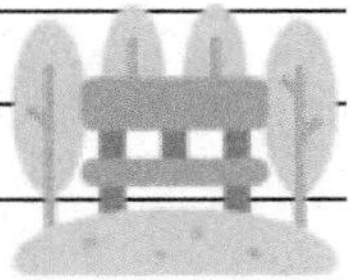

_____

_____

_____

_____

_____

_____

_____

_____

_____

_____

_____

_____

_____

_____

_____

_____

_____

_____

CANDY Acronimo di Cristina, Agata, Nicola, Dafne e Yuri, "nasce" il 16/03/2001 dall'incontro di Cristina e Nicola, e "cresce" con l'arrivo di Agata, Yuri e Dafne.
Una famiglia unita, dalle semplici caratteristiche, che tutt'oggi ama viaggiare, godendo di ciò che di meraviglioso la nostra terra offre, e che trova piacere nello stare assieme, scoprendo mete nascoste e particolari che permettono di far correre la fantasia colmando la nostra mai doma curiosità.

TO BE CONTINUED

Printed in Great Britain
by Amazon